This Book Belongs To

....

....

....

Name: _____

   Home: _____ Mobile: _____

   Office: _____ Fax: _____

   Email: _____

   Notes: ....

Name: _____

   Home: _____ Mobile: _____

   Office: _____ Fax: _____

   Email: _____

   Notes: ....

Name: _____

   Home: _____ Mobile: _____

   Office: _____ Fax: _____

   Email: _____

   Notes: ....

Name: _____

   Home: _____ Mobile: _____

   Office: _____ Fax: _____

   Email: _____

   Notes: ....

Name: _____

   Home: _____ Mobile: _____

   Office: _____ Fax: _____

   Email: _____

   Notes: ....

A
B
C
D
E
F
G
H
I
J
K
L
M
N
O
P
Q
R
S
T
U
V
W
X
Y
Z

A
B
C
D
E

Name: _____

Home: _____ Mobile: _____

Office: _____ Fax: _____

Email: _____

Notes: _____

F
G
H
I
J

Name: _____

Home: _____ Mobile: _____

Office: _____ Fax: _____

Email: _____

Notes: _____

K
L
M
N
O

Name: _____

Home: _____ Mobile: _____

Office: _____ Fax: _____

Email: _____

Notes: _____

P
Q
R
S
T
U

Name: _____

Home: _____ Mobile: _____

Office: _____ Fax: _____

Email: _____

Notes: _____

V
W
X
Y
Z

Name: _____

Home: _____ Mobile: _____

Office: _____ Fax: _____

Email: _____

Notes: _____

Name: _____

   Home: _____ Mobile: _____

   Office: _____ Fax: _____

   Email: _____

   Notes: ....

Name: _____

   Home: _____ Mobile: _____

   Office: _____ Fax: _____

   Email: _____

   Notes: ....

Name: _____

   Home: _____ Mobile: _____

   Office: _____ Fax: _____

   Email: _____

   Notes: ....

Name: _____

   Home: _____ Mobile: _____

   Office: _____ Fax: _____

   Email: _____

   Notes: ....

Name: _____

   Home: _____ Mobile: _____

   Office: _____ Fax: _____

   Email: _____

   Notes: ....

A
B
C
D
E
F
G
H
I
J
K
L
M
N
O
P
Q
R
S
T
U
V
W
X
Y
Z

A

B
C
D
E

Name:_____

Home:_____ Mobile:_____

Office:_____ Fax:_____

Email:_____

Notes:...

F
G
H
I
J

Name:_____

Home:_____ Mobile:_____

Office:_____ Fax:_____

Email:_____

Notes:...

K
L
M
N
O
P

Name:_____

Home:_____ Mobile:_____

Office:_____ Fax:_____

Email:_____

Notes:...

Q
R
S
T
U

Name:_____

Home:_____ Mobile:_____

Office:_____ Fax:_____

Email:_____

Notes:...

V
W
X
Y
Z

Name:_____

Home:_____ Mobile:_____

Office:_____ Fax:_____

Email:_____

Notes:...

Name: _____

  Home: _____ Mobile: _____

  Office: _____ Fax: _____

  Email: _____

  Notes: ....

Name: _____

  Home: _____ Mobile: _____

  Office: _____ Fax: _____

  Email: _____

  Notes: ....

Name: _____

  Home: _____ Mobile: _____

  Office: _____ Fax: _____

  Email: _____

  Notes: ....

Name: _____

  Home: _____ Mobile: _____

  Office: _____ Fax: _____

  Email: _____

  Notes: ....

Name: _____

  Home: _____ Mobile: _____

  Office: _____ Fax: _____

  Email: _____

  Notes: ....

A
B
C
D
E
F
G
H
I
J
K
L
M
N
O
P
Q
R
S
T
U
V
W
X
Y
Z

A

B

C
D
E

Name:_____

Home:_____ Mobile:_____

Office:_____ Fax:_____

Email:_____

Notes:..

F
G
H
I
J

Name:_____

Home:_____ Mobile:_____

Office:_____ Fax:_____

Email:_____

Notes:..

K
L
M
N
O

Name:_____

Home:_____ Mobile:_____

Office:_____ Fax:_____

Email:_____

Notes:..

P
Q
R
S
T
U

Name:_____

Home:_____ Mobile:_____

Office:_____ Fax:_____

Email:_____

Notes:..

V
W
X
Y
Z

Name:_____

Home:_____ Mobile:_____

Office:_____ Fax:_____

Email:_____

Notes:..

Name:

Home: _____ Mobile: _____

Office: _____ Fax: _____

Email: _____

Notes: _____

Name:

Home: _____ Mobile: _____

Office: _____ Fax: _____

Email: _____

Notes: _____

Name:

Home: _____ Mobile: _____

Office: _____ Fax: _____

Email: _____

Notes: _____

Name:

Home: _____ Mobile: _____

Office: _____ Fax: _____

Email: _____

Notes: _____

Name:

Home: _____ Mobile: _____

Office: _____ Fax: _____

Email: _____

Notes: _____

A
B
C
D
E
F
G
H
I
J
K
L
M
N
O
P
Q
R
S
T
U
V
W
X
Y
Z

A
B
C
D
E

Name: _____
Home: _____ Mobile: _____
Office: _____ Fax: _____
Email: _____
Notes: ....

F
G
H
I
J

Name: _____
Home: _____ Mobile: _____
Office: _____ Fax: _____
Email: _____
Notes: ....

K
L
M
N
O

Name: _____
Home: _____ Mobile: _____
Office: _____ Fax: _____
Email: _____
Notes: ....

P
Q
R
S
T
U

Name: _____
Home: _____ Mobile: _____
Office: _____ Fax: _____
Email: _____
Notes: ....

V
W
X
Y
Z

Name: _____
Home: _____ Mobile: _____
Office: _____ Fax: _____
Email: _____
Notes: ....

Name:_____

   Home:_____ Mobile:_____

   Office:_____ Fax:_____

   Email:_____

   Notes:...

Name:_____

   Home:_____ Mobile:_____

   Office:_____ Fax:_____

   Email:_____

   Notes:...

Name:_____

   Home:_____ Mobile:_____

   Office:_____ Fax:_____

   Email:_____

   Notes:...

Name:_____

   Home:_____ Mobile:_____

   Office:_____ Fax:_____

   Email:_____

   Notes:...

Name:_____

   Home:_____ Mobile:_____

   Office:_____ Fax:_____

   Email:_____

   Notes:...

A
B
C
D
E
F
G
H
I
J
K
L
M
N
O
P
Q
R
S
T
U
V
W
X
Y
Z

A
B
C
D
E

Name:

Home: Mobile:

Office: Fax:

Email:

Notes:

F
G
H
I
J

Name:

Home: Mobile:

Office: Fax:

Email:

Notes:

K
L
M
N
O

Name:

Home: Mobile:

Office: Fax:

Email:

Notes:

P
Q
R
S
T
U

Name:

Home: Mobile:

Office: Fax:

Email:

Notes:

V
W
X
Y
Z

Name:

Home: Mobile:

Office: Fax:

Email:

Notes:

Name:

Home: _____ Mobile: _____

Office: _____ Fax: _____

Email: _____

Notes: _____

Name: _____

Home: _____ Mobile: _____

Office: _____ Fax: _____

Email: _____

Notes: _____

Name: _____

Home: _____ Mobile: _____

Office: _____ Fax: _____

Email: _____

Notes: _____

Name: _____

Home: _____ Mobile: _____

Office: _____ Fax: _____

Email: _____

Notes: _____

Name: _____

Home: _____ Mobile: _____

Office: _____ Fax: _____

Email: _____

Notes: _____

A
B
C
D
E
F
G
H
I
J
K
L
M
N
O
P
Q
R
S
T
U
V
W
X
Y
Z

A
B

C

D
E
F
G
H
I
J
K
L
M
N
O
P
Q
R
S
T
U
V
W
X
Y
Z

Name: _____

Home: _____ Mobile: _____

Office: _____ Fax: _____

Email: _____

Notes: ....

Name: _____

Home: _____ Mobile: _____

Office: _____ Fax: _____

Email: _____

Notes: ....

Name: _____

Home: _____ Mobile: _____

Office: _____ Fax: _____

Email: _____

Notes: ....

Name: _____

Home: _____ Mobile: _____

Office: _____ Fax: _____

Email: _____

Notes: ....

Name: _____

Home: _____ Mobile: _____

Office: _____ Fax: _____

Email: _____

Notes: ....

Name:_____

   Home:_____ Mobile:_____

   Office:_____ Fax:_____

   Email:_____

   Notes:..

Name:_____

   Home:_____ Mobile:_____

   Office:_____ Fax:_____

   Email:_____

   Notes:..

Name:_____

   Home:_____ Mobile:_____

   Office:_____ Fax:_____

   Email:_____

   Notes:..

Name:_____

   Home:_____ Mobile:_____

   Office:_____ Fax:_____

   Email:_____

   Notes:..

Name:_____

   Home:_____ Mobile:_____

   Office:_____ Fax:_____

   Email:_____

   Notes:..

A
B
C
D
E
F
G
H
I
J
K
L
M
N
O
P
Q
R
S
T
U
V
W
X
Y
Z

A
B
C
D
E

Name:_____

Home:_____ Mobile:_____

Office:_____ Fax:_____

Email:_____

Notes:_____

F
G
H
I
J

Name:_____

Home:_____ Mobile:_____

Office:_____ Fax:_____

Email:_____

Notes:_____

K
L
M
N
O

Name:_____

Home:_____ Mobile:_____

Office:_____ Fax:_____

Email:_____

Notes:_____

P
Q
R
S
T
U

Name:_____

Home:_____ Mobile:_____

Office:_____ Fax:_____

Email:_____

Notes:_____

V
W
X
Y
Z

Name:_____

Home:_____ Mobile:_____

Office:_____ Fax:_____

Email:_____

Notes:_____

Name:

    Home: Mobile:

    Office: Fax:

    Email:

    Notes:

Name:

    Home: Mobile:

    Office: Fax:

    Email:

    Notes:

Name:

    Home: Mobile:

    Office: Fax:

    Email:

    Notes:

Name:

    Home: Mobile:

    Office: Fax:

    Email:

    Notes:

Name:

    Home: Mobile:

    Office: Fax:

    Email:

    Notes:

A
B
C
D
E
F
G
H
I
J
K
L
M
N
O
P
Q
R
S
T
U
V
W
X
Y
Z

A
B
C

D

E
F
G
H
I
J
K
L
M
N
O
P
Q
R
S
T
U
V
W
X
Y
Z

Name: _____
Home: _____ Mobile: _____
Office: _____ Fax: _____
Email: _____
Notes: ....

Name: _____
Home: _____ Mobile: _____
Office: _____ Fax: _____
Email: _____
Notes: ....

Name: _____
Home: _____ Mobile: _____
Office: _____ Fax: _____
Email: _____
Notes: ....

Name: _____
Home: _____ Mobile: _____
Office: _____ Fax: _____
Email: _____
Notes: ....

Name: _____
Home: _____ Mobile: _____
Office: _____ Fax: _____
Email: _____
Notes: ....

Name:

Home: Mobile:

Office: Fax:

Email:

Notes:

Name:

Home: Mobile:

Office: Fax:

Email:

Notes:

Name:

Home: Mobile:

Office: Fax:

Email:

Notes:

Name:

Home: Mobile:

Office: Fax:

Email:

Notes:

Name:

Home: Mobile:

Office: Fax:

Email:

Notes:

A
B
C
D
E
F
G
H
I
J
K
L
M
N
O
P
Q
R
S
T
U
V
W
X
Y
Z

A
B
C
D

E

F
G
H
I
J
K
L
M
N
O
P
Q
R
S
T
U
V
W
X
Y
Z

Name:

Home: _____ Mobile: _____

Office: _____ Fax: _____

Email: _____

Notes: _____

Name:

Home: _____ Mobile: _____

Office: _____ Fax: _____

Email: _____

Notes: _____

Name:

Home: _____ Mobile: _____

Office: _____ Fax: _____

Email: _____

Notes: _____

Name:

Home: _____ Mobile: _____

Office: _____ Fax: _____

Email: _____

Notes: _____

Name:

Home: _____ Mobile: _____

Office: _____ Fax: _____

Email: _____

Notes: _____

Name:

Home: Mobile:

Office: Fax:

Email:

Notes:

Name:

Home: Mobile:

Office: Fax:

Email:

Notes:

Name:

Home: Mobile:

Office: Fax:

Email:

Notes:

Name:

Home: Mobile:

Office: Fax:

Email:

Notes:

Name:

Home: Mobile:

Office: Fax:

Email:

Notes:

A B C D E F G H I J K L M N O P Q R S T U V W X Y Z

A
B
C
D

E

F
G
H
I
J
K
L
M
N
O
P
Q
R
S
T
U
V
W
X
Y
Z

Name: _____

Home: _____ Mobile: _____

Office: _____ Fax: _____

Email: _____

Notes: ....

Name: _____

Home: _____ Mobile: _____

Office: _____ Fax: _____

Email: _____

Notes: ....

Name: _____

Home: _____ Mobile: _____

Office: _____ Fax: _____

Email: _____

Notes: ....

Name: _____

Home: _____ Mobile: _____

Office: _____ Fax: _____

Email: _____

Notes: ....

Name: _____

Home: _____ Mobile: _____

Office: _____ Fax: _____

Email: _____

Notes: ....

Name:_____

    Home:_____ Mobile:_____

    Office:_____ Fax:_____

    Email:_____

    Notes:...

Name:_____

    Home:_____ Mobile:_____

    Office:_____ Fax:_____

    Email:_____

    Notes:...

Name:_____

    Home:_____ Mobile:_____

    Office:_____ Fax:_____

    Email:_____

    Notes:...

Name:_____

    Home:_____ Mobile:_____

    Office:_____ Fax:_____

    Email:_____

    Notes:...

Name:_____

    Home:_____ Mobile:_____

    Office:_____ Fax:_____

    Email:_____

    Notes:...

A
B
C
D
E
F
G
H
I
J
K
L
M
N
O
P
Q
R
S
T
U
V
W
X
Y
Z

A
B
C
D
E

F

G
H
I
J
K
L
M
N
O
P
Q
R
S
T
U
V
W
X
Y
Z

Name: _____

Home: _____ Mobile: _____

Office: _____ Fax: _____

Email: _____

Notes: _____

Name: _____

Home: _____ Mobile: _____

Office: _____ Fax: _____

Email: _____

Notes: _____

Name: _____

Home: _____ Mobile: _____

Office: _____ Fax: _____

Email: _____

Notes: _____

Name: _____

Home: _____ Mobile: _____

Office: _____ Fax: _____

Email: _____

Notes: _____

Name: _____

Home: _____ Mobile: _____

Office: _____ Fax: _____

Email: _____

Notes: _____

Name:

Home: Mobile:

Office: Fax:

Email:

Notes:

Name:

Home: Mobile:

Office: Fax:

Email:

Notes:

Name:

Home: Mobile:

Office: Fax:

Email:

Notes:

Name:

Home: Mobile:

Office: Fax:

Email:

Notes:

Name:

Home: Mobile:

Office: Fax:

Email:

Notes:

A
B
C
D
E
F
G
H
I
J
K
L
M
N
O
P
Q
R
S
T
U
V
W
X
Y
Z

A
B
C
D
E

F

G
H
I
J
K
L
M
N
O
P
Q
R
S
T
U
V
W
X
Y
Z

Name:_____

Home:_____ Mobile:_____

Office:_____ Fax:_____

Email:_____

Notes:_____

Name:_____

Home:_____ Mobile:_____

Office:_____ Fax:_____

Email:_____

Notes:_____

Name:_____

Home:_____ Mobile:_____

Office:_____ Fax:_____

Email:_____

Notes:_____

Name:_____

Home:_____ Mobile:_____

Office:_____ Fax:_____

Email:_____

Notes:_____

Name:_____

Home:_____ Mobile:_____

Office:_____ Fax:_____

Email:_____

Notes:_____

Name:

    Home: Mobile:

    Office: Fax:

    Email:

    Notes:

Name:

    Home: Mobile:

    Office: Fax:

    Email:

    Notes:

Name:

    Home: Mobile:

    Office: Fax:

    Email:

    Notes:

Name:

    Home: Mobile:

    Office: Fax:

    Email:

    Notes:

Name:

    Home: Mobile:

    Office: Fax:

    Email:

    Notes:

A
B
C
D
E
F
G
H
I
J
K
L
M
N
O
P
Q
R
S
T
U
V
W
X
Y
Z

A B C D E F G H I J K L M N O P Q R S T U V W X Y Z

G

Name:_____

Home:_____ Mobile:_____

Office:_____ Fax:_____

Email:_____

Notes:_____

Name:_____

Home:_____ Mobile:_____

Office:_____ Fax:_____

Email:_____

Notes:_____

Name:_____

Home:_____ Mobile:_____

Office:_____ Fax:_____

Email:_____

Notes:_____

Name:_____

Home:_____ Mobile:_____

Office:_____ Fax:_____

Email:_____

Notes:_____

Name:_____

Home:_____ Mobile:_____

Office:_____ Fax:_____

Email:_____

Notes:_____

Name:

Home: Mobile:

Office: Fax:

Email:

Notes:

Name:

Home: Mobile:

Office: Fax:

Email:

Notes:

Name:

Home: Mobile:

Office: Fax:

Email:

Notes:

Name:

Home: Mobile:

Office: Fax:

Email:

Notes:

Name:

Home: Mobile:

Office: Fax:

Email:

Notes:

A
B
C
D
E
F
G
H
I
J
K
L
M
N
O
P
Q
R
S
T
U
V
W
X
Y
Z

A
B
C
D
E
F
G
H
I
J
K
L
M
N
O
P
Q
R
S
T
U
V
W
X
Y
Z

Name:_____

Home:_____ Mobile:_____

Office:_____ Fax:_____

Email:_____

Notes:...

Name:_____

Home:_____ Mobile:_____

Office:_____ Fax:_____

Email:_____

Notes:...

Name:_____

Home:_____ Mobile:_____

Office:_____ Fax:_____

Email:_____

Notes:...

Name:_____

Home:_____ Mobile:_____

Office:_____ Fax:_____

Email:_____

Notes:...

Name:_____

Home:_____ Mobile:_____

Office:_____ Fax:_____

Email:_____

Notes:...

Name:_____

Home:_____ Mobile:_____

Office:_____ Fax:_____

Email:_____

Notes:...

Name:_____

Home:_____ Mobile:_____

Office:_____ Fax:_____

Email:_____

Notes:...

Name:_____

Home:_____ Mobile:_____

Office:_____ Fax:_____

Email:_____

Notes:...

Name:_____

Home:_____ Mobile:_____

Office:_____ Fax:_____

Email:_____

Notes:...

Name:_____

Home:_____ Mobile:_____

Office:_____ Fax:_____

Email:_____

Notes:...

A
B
C
D
E
F
G
H
I
J
K
L
M
N
O
P
Q
R
S
T
U
V
W
X
Y
Z

A
B
C
D
E

H

F
G
I
J
K
L
M
N
O
P
Q
R
S
T
U
V
W
X
Y
Z

Name:

Home: Mobile:

Office: Fax:

Email:

Notes:

Name:

Home: Mobile:

Office: Fax:

Email:

Notes:

Name:

Home: Mobile:

Office: Fax:

Email:

Notes:

Name:

Home: Mobile:

Office: Fax:

Email:

Notes:

Name:

Home: Mobile:

Office: Fax:

Email:

Notes:

Name:_____

Home:_____ Mobile:_____

Office:_____ Fax:_____

Email:_____

Notes:...

Name:_____

Home:_____ Mobile:_____

Office:_____ Fax:_____

Email:_____

Notes:...

Name:_____

Home:_____ Mobile:_____

Office:_____ Fax:_____

Email:_____

Notes:...

Name:_____

Home:_____ Mobile:_____

Office:_____ Fax:_____

Email:_____

Notes:...

Name:_____

Home:_____ Mobile:_____

Office:_____ Fax:_____

Email:_____

Notes:...

A
B
C
D
E
F
G
H
I
J
K
L
M
N
O
P
Q
R
S
T
U
V
W
X
Y
Z

A
B
C
D
E
F
G

H

I
J
K
L
M
N
O
P
Q
R
S
T
U
V
W
X
Y
Z

Name: _____

Home: _____ Mobile: _____

Office: _____ Fax: _____

Email: _____

Notes: _____

Name: _____

Home: _____ Mobile: _____

Office: _____ Fax: _____

Email: _____

Notes: _____

Name: _____

Home: _____ Mobile: _____

Office: _____ Fax: _____

Email: _____

Notes: _____

Name: _____

Home: _____ Mobile: _____

Office: _____ Fax: _____

Email: _____

Notes: _____

Name: _____

Home: _____ Mobile: _____

Office: _____ Fax: _____

Email: _____

Notes: _____

Name:

Home: Mobile:

Office: Fax:

Email:

Notes:

Name:

Home: Mobile:

Office: Fax:

Email:

Notes:

Name:

Home: Mobile:

Office: Fax:

Email:

Notes:

Name:

Home: Mobile:

Office: Fax:

Email:

Notes:

Name:

Home: Mobile:

Office: Fax:

Email:

Notes:

A
B
C
D
E
F
G
H
I
J
K
L
M
N
O
P
Q
R
S
T
U
V
W
X
Y
Z

A
B
C
D
E
F
G
H
I
J
K
L
M
N
O
P
Q
R
S
T
U
V
W
X
Y
Z

Name:

Home: Mobile:

Office: Fax:

Email:

Notes:

Name:

Home: Mobile:

Office: Fax:

Email:

Notes:

Name:

Home: Mobile:

Office: Fax:

Email:

Notes:

Name:

Home: Mobile:

Office: Fax:

Email:

Notes:

Name:

Home: Mobile:

Office: Fax:

Email:

Notes:

Name: _____

   Home: _____ Mobile: _____

   Office: _____ Fax: _____

   Email: _____

   Notes: ....

Name: _____

   Home: _____ Mobile: _____

   Office: _____ Fax: _____

   Email: _____

   Notes: ....

Name: _____

   Home: _____ Mobile: _____

   Office: _____ Fax: _____

   Email: _____

   Notes: ....

Name: _____

   Home: _____ Mobile: _____

   Office: _____ Fax: _____

   Email: _____

   Notes: ....

Name: _____

   Home: _____ Mobile: _____

   Office: _____ Fax: _____

   Email: _____

   Notes: ....

A
B
C
D
E
F
G
H
I
J
K
L
M
N
O
P
Q
R
S
T
U
V
W
X
Y
Z

A
B
C
D
E
F
G
H
I
J
K
L
M
N
O
P
Q
R
S
T
U
V
W
X
Y
Z

Name:_____
Home:_____ Mobile:_____
Office:_____ Fax:_____
Email:_____
Notes:_____

Name:_____
Home:_____ Mobile:_____
Office:_____ Fax:_____
Email:_____
Notes:_____

Name:_____
Home:_____ Mobile:_____
Office:_____ Fax:_____
Email:_____
Notes:_____

Name:_____
Home:_____ Mobile:_____
Office:_____ Fax:_____
Email:_____
Notes:_____

Name:_____
Home:_____ Mobile:_____
Office:_____ Fax:_____
Email:_____
Notes:_____

Name:

Home: Mobile:

Office: Fax:

Email:

Notes:

Name:

Home: Mobile:

Office: Fax:

Email:

Notes:

Name:

Home: Mobile:

Office: Fax:

Email:

Notes:

Name:

Home: Mobile:

Office: Fax:

Email:

Notes:

Name:

Home: Mobile:

Office: Fax:

Email:

Notes:

A
B
C
D
E
F
G
H
I
J
K
L
M
N
O
P
Q
R
S
T
U
V
W
X
Y
Z

A
B
C
D
E
F
G
H
I
J
K
L
M
N
O
P
Q
R
S
T
U
V
W
X
Y
Z

Name:

Home: Mobile:

Office: Fax:

Email:

Notes:

Name:

Home: Mobile:

Office: Fax:

Email:

Notes:

Name:

Home: Mobile:

Office: Fax:

Email:

Notes:

Name:

Home: Mobile:

Office: Fax:

Email:

Notes:

Name:

Home: Mobile:

Office: Fax:

Email:

Notes:

Name:

Home: Mobile:

Office: Fax:

Email:

Notes:

Name:

Home: Mobile:

Office: Fax:

Email:

Notes:

Name:

Home: Mobile:

Office: Fax:

Email:

Notes:

Name:

Home: Mobile:

Office: Fax:

Email:

Notes:

Name:

Home: Mobile:

Office: Fax:

Email:

Notes:

A
B
C
D
E
F
G
H
I
J
K
L
M
N
O
P
Q
R
S
T
U
V
W
X
Y
Z

A
B
C
D
E

Name:_____

Home:_____ Mobile:_____

Office:_____ Fax:_____

Email:_____

Notes:...

F
G
H
I
J
K

Name:_____

Home:_____ Mobile:_____

Office:_____ Fax:_____

Email:_____

Notes:...

L
M
N
O
P

Name:_____

Home:_____ Mobile:_____

Office:_____ Fax:_____

Email:_____

Notes:...

Q
R
S
T
U

Name:_____

Home:_____ Mobile:_____

Office:_____ Fax:_____

Email:_____

Notes:...

V
W
X
Y
Z

Name:_____

Home:_____ Mobile:_____

Office:_____ Fax:_____

Email:_____

Notes:...

Name:

Home: Mobile:

Office: Fax:

Email:

Notes:

Name:

Home: Mobile:

Office: Fax:

Email:

Notes:

Name:

Home: Mobile:

Office: Fax:

Email:

Notes:

Name:

Home: Mobile:

Office: Fax:

Email:

Notes:

Name:

Home: Mobile:

Office: Fax:

Email:

Notes:

A
B
C
D
E
F
G
H
I
J

K

L
M
N
O
P
Q
R
S
T
U
V
W
X
Y
Z

Name:

Home: Mobile:

Office: Fax:

Email:

Notes:

Name:

Home: Mobile:

Office: Fax:

Email:

Notes:

Name:

Home: Mobile:

Office: Fax:

Email:

Notes:

Name:

Home: Mobile:

Office: Fax:

Email:

Notes:

Name:

Home: Mobile:

Office: Fax:

Email:

Notes:

Name:

Home: Mobile:

Office: Fax:

Email:

Notes:

Name:

Home: Mobile:

Office: Fax:

Email:

Notes:

Name:

Home: Mobile:

Office: Fax:

Email:

Notes:

Name:

Home: Mobile:

Office: Fax:

Email:

Notes:

Name:

Home: Mobile:

Office: Fax:

Email:

Notes:

A
B
C
D
E
F
G
H
I
J
K
L
M
N
O
P
Q
R
S
T
U
V
W
X
Y
Z

A
B
C
D
E

Name:_____

Home:_____ Mobile:_____

Office:_____ Fax:_____

Email:_____

Notes:_____

F
G
H
I
J

Name:_____

Home:_____ Mobile:_____

Office:_____ Fax:_____

Email:_____

Notes:_____

K

Name:_____

Home:_____ Mobile:_____

Office:_____ Fax:_____

Email:_____

Notes:_____

L
M
N
O
P

Name:_____

Home:_____ Mobile:_____

Office:_____ Fax:_____

Email:_____

Notes:_____

Q
R
S
T
U

Name:_____

Home:_____ Mobile:_____

Office:_____ Fax:_____

Email:_____

Notes:_____

V
W
X
Y
Z

Name:

Home: Mobile:

Office: Fax:

Email:

Notes:

Name:

Home: Mobile:

Office: Fax:

Email:

Notes:

Name:

Home: Mobile:

Office: Fax:

Email:

Notes:

Name:

Home: Mobile:

Office: Fax:

Email:

Notes:

Name:

Home: Mobile:

Office: Fax:

Email:

Notes:

A B C D E F G H I J K **L** M N O P Q R S T U V W X Y Z

A
B
C
D
E

Name:
Home: Mobile:
Office: Fax:
Email:
Notes:

F
G
H
I
J
K

Name:
Home: Mobile:
Office: Fax:
Email:
Notes:

L

Name:
Home: Mobile:
Office: Fax:
Email:
Notes:

M
N
O
P

Name:
Home: Mobile:
Office: Fax:
Email:
Notes:

Q
R
S
T
U

Name:
Home: Mobile:
Office: Fax:
Email:
Notes:

V
W
X
Y
Z

Name:

Home: Mobile:

Office: Fax:

Email:

Notes:

Name:

Home: Mobile:

Office: Fax:

Email:

Notes:

Name:

Home: Mobile:

Office: Fax:

Email:

Notes:

Name:

Home: Mobile:

Office: Fax:

Email:

Notes:

Name:

Home: Mobile:

Office: Fax:

Email:

Notes:

A
B
C
D
E
F
G
H
I
J
K
L
M
N
O
P
Q
R
S
T
U
V
W
X
Y
Z

A
B
C
D
E
F
G
H
I
J
K
L
M
N
O
P
Q
R
S
T
U
V
W
X
Y
Z

Name:_____

Home:_____ Mobile:_____

Office:_____ Fax:_____

Email:_____

Notes:..

Name:_____

Home:_____ Mobile:_____

Office:_____ Fax:_____

Email:_____

Notes:..

Name:_____

Home:_____ Mobile:_____

Office:_____ Fax:_____

Email:_____

Notes:..

Name:_____

Home:_____ Mobile:_____

Office:_____ Fax:_____

Email:_____

Notes:..

Name:_____

Home:_____ Mobile:_____

Office:_____ Fax:_____

Email:_____

Notes:..

Name:_____

   Home:_____ Mobile:_____

   Office:_____ Fax:_____

   Email:_____

   Notes:..

Name:_____

   Home:_____ Mobile:_____

   Office:_____ Fax:_____

   Email:_____

   Notes:..

Name:_____

   Home:_____ Mobile:_____

   Office:_____ Fax:_____

   Email:_____

   Notes:..

Name:_____

   Home:_____ Mobile:_____

   Office:_____ Fax:_____

   Email:_____

   Notes:..

Name:_____

   Home:_____ Mobile:_____

   Office:_____ Fax:_____

   Email:_____

   Notes:..

A
B
C
D
E
F
G
H
I
J
K
L
M
N
O
P
Q
R
S
T
U
V
W
X
Y
Z

A
B
C
D
E

Name:

Home: Mobile:

Office: Fax:

Email:

Notes:

F
G
H
I
J
K

Name:

Home: Mobile:

Office: Fax:

Email:

Notes:

L

M

N
O
P

Name:

Home: Mobile:

Office: Fax:

Email:

Notes:

Q
R
S
T
U

Name:

Home: Mobile:

Office: Fax:

Email:

Notes:

V
W
X
Y
Z

Name:

Home: Mobile:

Office: Fax:

Email:

Notes:

Name:_____

   Home:_____   Mobile:_____

   Office:_____   Fax:_____

   Email:_____

   Notes:..

Name:_____

   Home:_____   Mobile:_____

   Office:_____   Fax:_____

   Email:_____

   Notes:..

Name:_____

   Home:_____   Mobile:_____

   Office:_____   Fax:_____

   Email:_____

   Notes:..

Name:_____

   Home:_____   Mobile:_____

   Office:_____   Fax:_____

   Email:_____

   Notes:..

Name:_____

   Home:_____   Mobile:_____

   Office:_____   Fax:_____

   Email:_____

   Notes:..

A
B
C
D
E
F
G
H
I
J
K
L
M
N
O
P
Q
R
S
T
U
V
W
X
Y
Z

A B C D E F G H I J K L **M** N O P Q R S T U V W X Y Z

Name:_____

Home:_____ Mobile:_____

Office:_____ Fax:_____

Email:_____

Notes:_____

Name:_____

Home:_____ Mobile:_____

Office:_____ Fax:_____

Email:_____

Notes:_____

Name:_____

Home:_____ Mobile:_____

Office:_____ Fax:_____

Email:_____

Notes:_____

Name:_____

Home:_____ Mobile:_____

Office:_____ Fax:_____

Email:_____

Notes:_____

Name:_____

Home:_____ Mobile:_____

Office:_____ Fax:_____

Email:_____

Notes:_____

Name:

    Home: Mobile:

    Office: Fax:

    Email:

    Notes:

Name:

    Home: Mobile:

    Office: Fax:

    Email:

    Notes:

Name:

    Home: Mobile:

    Office: Fax:

    Email:

    Notes:

Name:

    Home: Mobile:

    Office: Fax:

    Email:

    Notes:

Name:

    Home: Mobile:

    Office: Fax:

    Email:

    Notes:

A B C D E F G H I J K L M N O P Q R S T U V W X Y Z

A
B
C
D
E

Name:_____

Home:_____ Mobile:_____

Office:_____ Fax:_____

Email:_____

Notes:...

F
G
H
I
J

Name:_____

Home:_____ Mobile:_____

Office:_____ Fax:_____

Email:_____

Notes:...

K
L
M

N

O
P

Name:_____

Home:_____ Mobile:_____

Office:_____ Fax:_____

Email:_____

Notes:...

Q
R
S
T
U

Name:_____

Home:_____ Mobile:_____

Office:_____ Fax:_____

Email:_____

Notes:...

V
W
X
Y
Z

Name:_____

Home:_____ Mobile:_____

Office:_____ Fax:_____

Email:_____

Notes:...

Name:

Home: Mobile:

Office: Fax:

Email:

Notes:

Name:

Home: Mobile:

Office: Fax:

Email:

Notes:

Name:

Home: Mobile:

Office: Fax:

Email:

Notes:

Name:

Home: Mobile:

Office: Fax:

Email:

Notes:

Name:

Home: Mobile:

Office: Fax:

Email:

Notes:

A
B
C
D
E
F
G
H
I
J
K
L
M
N
O
P
Q
R
S
T
U
V
W
X
Y
Z

A
B
C
D
E

Name: _____
Home: _____ **Mobile:** _____
Office: _____ **Fax:** _____
Email: _____
Notes: _____

F
G
H
I
J

Name: _____
Home: _____ **Mobile:** _____
Office: _____ **Fax:** _____
Email: _____
Notes: _____

K
L
M
N
O
P

Name: _____
Home: _____ **Mobile:** _____
Office: _____ **Fax:** _____
Email: _____
Notes: _____

Q
R
S
T
U

Name: _____
Home: _____ **Mobile:** _____
Office: _____ **Fax:** _____
Email: _____
Notes: _____

V
W
X
Y
Z

Name: _____
Home: _____ **Mobile:** _____
Office: _____ **Fax:** _____
Email: _____
Notes: _____

Name:

Home: Mobile:

Office: Fax:

Email:

Notes:

Name:

Home: Mobile:

Office: Fax:

Email:

Notes:

Name:

Home: Mobile:

Office: Fax:

Email:

Notes:

Name:

Home: Mobile:

Office: Fax:

Email:

Notes:

Name:

Home: Mobile:

Office: Fax:

Email:

Notes:

A
B
C
D
E
F
G
H
I
J
K
L
M
N
O
P
Q
R
S
T
U
V
W
X
Y
Z

A
B
C
D
E

Name:

Home: Mobile:

Office: Fax:

Email:

Notes:

F
G
H
I
J

Name:

Home: Mobile:

Office: Fax:

Email:

Notes:

K
L
M
N

O

Name:

Home: Mobile:

Office: Fax:

Email:

Notes:

P
Q
R
S
T
U

Name:

Home: Mobile:

Office: Fax:

Email:

Notes:

V
W
X
Y
Z

Name:

Home: Mobile:

Office: Fax:

Email:

Notes:

Name:_____

Home:_____ Mobile:_____

Office:_____ Fax:_____

Email:_____

Notes:...

Name:_____

Home:_____ Mobile:_____

Office:_____ Fax:_____

Email:_____

Notes:...

Name:_____

Home:_____ Mobile:_____

Office:_____ Fax:_____

Email:_____

Notes:...

Name:_____

Home:_____ Mobile:_____

Office:_____ Fax:_____

Email:_____

Notes:...

Name:_____

Home:_____ Mobile:_____

Office:_____ Fax:_____

Email:_____

Notes:...

A
B
C
D
E
F
G
H
I
J
K
L
M
N
O
P
Q
R
S
T
U
V
W
X
Y
Z

A
B
C
D
E

Name:_____

Home:_____ Mobile:_____

Office:_____ Fax:_____

Email:_____

Notes:...

F
G
H
I
J

Name:_____

Home:_____ Mobile:_____

Office:_____ Fax:_____

Email:_____

Notes:...

K
L
M
N
O
P

Name:_____

Home:_____ Mobile:_____

Office:_____ Fax:_____

Email:_____

Notes:...

Q
R
S
T
U

Name:_____

Home:_____ Mobile:_____

Office:_____ Fax:_____

Email:_____

Notes:...

V
W
X
Y
Z

Name:_____

Home:_____ Mobile:_____

Office:_____ Fax:_____

Email:_____

Notes:...

Name:_____

  Home:_____ Mobile:_____

  Office:_____ Fax:_____

  Email:_____

  Notes:.......................

Name:_____

  Home:_____ Mobile:_____

  Office:_____ Fax:_____

  Email:_____

  Notes:.......................

Name:_____

  Home:_____ Mobile:_____

  Office:_____ Fax:_____

  Email:_____

  Notes:.......................

Name:_____

  Home:_____ Mobile:_____

  Office:_____ Fax:_____

  Email:_____

  Notes:.......................

Name:_____

  Home:_____ Mobile:_____

  Office:_____ Fax:_____

  Email:_____

  Notes:.......................

A
B
C
D
E
F
G
H
I
J
K
L
M
N
O
P
Q
R
S
T
U
V
W
X
Y
Z

A
B
C
D
E
F
G
H
I
J
K
L
M
N
O
P
Q
R
S
T
U
V
W
X
Y
Z

Name:

Home: _____ Mobile:

Office: _____ Fax:

Email:

Notes:

Name:

Home: _____ Mobile:

Office: _____ Fax:

Email:

Notes:

Name:

Home: _____ Mobile:

Office: _____ Fax:

Email:

Notes:

Name:

Home: _____ Mobile:

Office: _____ Fax:

Email:

Notes:

Name:

Home: _____ Mobile:

Office: _____ Fax:

Email:

Notes:

Name:

Home: _____ Mobile: _____

Office: _____ Fax: _____

Email: _____

Notes: _____

Name:

Home: _____ Mobile: _____

Office: _____ Fax: _____

Email: _____

Notes: _____

Name:

Home: _____ Mobile: _____

Office: _____ Fax: _____

Email: _____

Notes: _____

Name:

Home: _____ Mobile: _____

Office: _____ Fax: _____

Email: _____

Notes: _____

Name:

Home: _____ Mobile: _____

Office: _____ Fax: _____

Email: _____

Notes: _____

A
B
C
D
E
F
G
H
I
J
K
L
M
N
O
P
Q
R
S
T
U
V
W
X
Y
Z

A
B
C
D
E
F
G
H
I
J
K
L
M
N
O
P
Q
R
S
T
U
V
W
X
Y
Z

Name:_____

Home:_____ Mobile:_____

Office:_____ Fax:_____

Email:_____

Notes:...

Name:_____

Home:_____ Mobile:_____

Office:_____ Fax:_____

Email:_____

Notes:...

Name:_____

Home:_____ Mobile:_____

Office:_____ Fax:_____

Email:_____

Notes:...

Name:_____

Home:_____ Mobile:_____

Office:_____ Fax:_____

Email:_____

Notes:...

Name:_____

Home:_____ Mobile:_____

Office:_____ Fax:_____

Email:_____

Notes:...

Name:

Home: _____ Mobile: _____

Office: _____ Fax: _____

Email: _____

Notes: _____

Name:

Home: _____ Mobile: _____

Office: _____ Fax: _____

Email: _____

Notes: _____

Name:

Home: _____ Mobile: _____

Office: _____ Fax: _____

Email: _____

Notes: _____

Name:

Home: _____ Mobile: _____

Office: _____ Fax: _____

Email: _____

Notes: _____

Name:

Home: _____ Mobile: _____

Office: _____ Fax: _____

Email: _____

Notes: _____

A
B
C
D
E
F
G
H
I
J
K
L
M
N
O
P
Q
R
S
T
U
V
W
X
Y
Z

A
B
C
D
E
F
G
H
I
J
K
L
M
N
O
P

Q

R
S
T
U
V
W
X
Y
Z

Name:_____

Home:_____ Mobile:_____

Office:_____ Fax:_____

Email:_____

Notes:...

Name:_____

Home:_____ Mobile:_____

Office:_____ Fax:_____

Email:_____

Notes:...

Name:_____

Home:_____ Mobile:_____

Office:_____ Fax:_____

Email:_____

Notes:...

Name:_____

Home:_____ Mobile:_____

Office:_____ Fax:_____

Email:_____

Notes:...

Name:_____

Home:_____ Mobile:_____

Office:_____ Fax:_____

Email:_____

Notes:...

Name:

Home: Mobile:

Office: Fax:

Email:

Notes:

Name:

Home: Mobile:

Office: Fax:

Email:

Notes:

Name:

Home: Mobile:

Office: Fax:

Email:

Notes:

Name:

Home: Mobile:

Office: Fax:

Email:

Notes:

Name:

Home: Mobile:

Office: Fax:

Email:

Notes:

A
B
C
D
E
F
G
H
I
J
K
L
M
N
O
P
Q
R
S
T
U
V
W
X
Y
Z

A
B
C
D
E

Name:_____

Home:_____ Mobile:_____

Office:_____ Fax:_____

Email:_____

Notes:...

F
G
H
I
J

Name:_____

Home:_____ Mobile:_____

Office:_____ Fax:_____

Email:_____

Notes:...

K
L
M
N
O
P

Name:_____

Home:_____ Mobile:_____

Office:_____ Fax:_____

Email:_____

Notes:...

Q
R
S
T
U

Name:_____

Home:_____ Mobile:_____

Office:_____ Fax:_____

Email:_____

Notes:...

V
W
X
Y
Z

Name:_____

Home:_____ Mobile:_____

Office:_____ Fax:_____

Email:_____

Notes:...

Name: _____

  Home: _____ Mobile: _____

  Office: _____ Fax: _____

  Email: _____

  Notes: ....

Name: _____

  Home: _____ Mobile: _____

  Office: _____ Fax: _____

  Email: _____

  Notes: ....

Name: _____

  Home: _____ Mobile: _____

  Office: _____ Fax: _____

  Email: _____

  Notes: ....

Name: _____

  Home: _____ Mobile: _____

  Office: _____ Fax: _____

  Email: _____

  Notes: ....

Name: _____

  Home: _____ Mobile: _____

  Office: _____ Fax: _____

  Email: _____

  Notes: ....

A
B
C
D
E
F
G
H
I
J
K
L
M
N
O
P
Q
R
S
T
U
V
W
X
Y
Z

A
B
C
D
E

Name:
Home: Mobile:
Office: Fax:
Email:
Notes:

F
G
H
I
J

Name:
Home: Mobile:
Office: Fax:
Email:
Notes:

K
L
M
N
O
P

Name:
Home: Mobile:
Office: Fax:
Email:
Notes:

Q
R
S
T
U

Name:
Home: Mobile:
Office: Fax:
Email:
Notes:

V
W
X
Y
Z

Name:
Home: Mobile:
Office: Fax:
Email:
Notes:

Name:

Home: _____ Mobile: _____

Office: _____ Fax: _____

Email: _____

Notes: _____

Name:

Home: _____ Mobile: _____

Office: _____ Fax: _____

Email: _____

Notes: _____

Name:

Home: _____ Mobile: _____

Office: _____ Fax: _____

Email: _____

Notes: _____

Name:

Home: _____ Mobile: _____

Office: _____ Fax: _____

Email: _____

Notes: _____

Name:

Home: _____ Mobile: _____

Office: _____ Fax: _____

Email: _____

Notes: _____

A B C D E F G H I J K L M N O P Q **R** S T U V W X Y Z

A
B
C
D
E

Name: _____

Home: _____ **Mobile:** _____

Office: _____ **Fax:** _____

Email: _____

Notes: _____

F
G
H
I
J

Name: _____

Home: _____ **Mobile:** _____

Office: _____ **Fax:** _____

Email: _____

Notes: _____

K
L
M
N
O
P

Name: _____

Home: _____ **Mobile:** _____

Office: _____ **Fax:** _____

Email: _____

Notes: _____

Q
R
S
T
U

Name: _____

Home: _____ **Mobile:** _____

Office: _____ **Fax:** _____

Email: _____

Notes: _____

V
W
X
Y
Z

Name: _____

Home: _____ **Mobile:** _____

Office: _____ **Fax:** _____

Email: _____

Notes: _____

Name:

Home: Mobile:

Office: Fax:

Email:

Notes:

Name:

Home: Mobile:

Office: Fax:

Email:

Notes:

Name:

Home: Mobile:

Office: Fax:

Email:

Notes:

Name:

Home: Mobile:

Office: Fax:

Email:

Notes:

Name:

Home: Mobile:

Office: Fax:

Email:

Notes:

A
B
C
D
E
F
G
H
I
J
K
L
M
N
O
P
Q
R
S
T
U
V
W
X
Y
Z

A
B
C
D
E

Name:
Home: Mobile:
Office: Fax:
Email:
Notes:

F
G
H
I
J

Name:
Home: Mobile:
Office: Fax:
Email:
Notes:

K
L
M
N
O
P

Name:
Home: Mobile:
Office: Fax:
Email:
Notes:

Q
R
S
T
U

Name:
Home: Mobile:
Office: Fax:
Email:
Notes:

V
W
X
Y
Z

Name:
Home: Mobile:
Office: Fax:
Email:
Notes:

Name:

Home: Mobile:

Office: Fax:

Email:

Notes:

Name:

Home: Mobile:

Office: Fax:

Email:

Notes:

Name:

Home: Mobile:

Office: Fax:

Email:

Notes:

Name:

Home: Mobile:

Office: Fax:

Email:

Notes:

Name:

Home: Mobile:

Office: Fax:

Email:

Notes:

A
B
C
D
E
F
G
H
I
J
K
L
M
N
O
P
Q
R
S
T
U
V
W
X
Y
Z

A
B
C
D
E

Name:_____

Home:_____ Mobile:_____

Office:_____ Fax:_____

Email:_____

Notes:..

F
G
H
I
J

Name:_____

Home:_____ Mobile:_____

Office:_____ Fax:_____

Email:_____

Notes:..

K
L
M
N
O
P

Name:_____

Home:_____ Mobile:_____

Office:_____ Fax:_____

Email:_____

Notes:..

Q
R

S

T
U

Name:_____

Home:_____ Mobile:_____

Office:_____ Fax:_____

Email:_____

Notes:..

V
W
X
Y
Z

Name:_____

Home:_____ Mobile:_____

Office:_____ Fax:_____

Email:_____

Notes:..

Name: _____

   Home: _____ Mobile: _____

   Office: _____ Fax: _____

   Email: _____

   Notes: _____

Name: _____

   Home: _____ Mobile: _____

   Office: _____ Fax: _____

   Email: _____

   Notes: _____

Name: _____

   Home: _____ Mobile: _____

   Office: _____ Fax: _____

   Email: _____

   Notes: _____

Name: _____

   Home: _____ Mobile: _____

   Office: _____ Fax: _____

   Email: _____

   Notes: _____

Name: _____

   Home: _____ Mobile: _____

   Office: _____ Fax: _____

   Email: _____

   Notes: _____

A
B
C
D
E
F
G
H
I
J
K
L
M
N
O
P
Q
R
S
T
U
V
W
X
Y
Z

A
B
C
D
E

Name:_____
Home:_____ Mobile:_____
Office:_____ Fax:_____
Email:_____
Notes:...

F
G
H
I
J

Name:_____
Home:_____ Mobile:_____
Office:_____ Fax:_____
Email:_____
Notes:...

K
L
M
N
O

Name:_____
Home:_____ Mobile:_____
Office:_____ Fax:_____
Email:_____
Notes:...

P
Q
R
S
T
U

Name:_____
Home:_____ Mobile:_____
Office:_____ Fax:_____
Email:_____
Notes:...

V
W
X
Y
Z

Name:_____
Home:_____ Mobile:_____
Office:_____ Fax:_____
Email:_____
Notes:...

Name:

Home: Mobile:

Office: Fax:

Email:

Notes:

Name:

Home: Mobile:

Office: Fax:

Email:

Notes:

Name:

Home: Mobile:

Office: Fax:

Email:

Notes:

Name:

Home: Mobile:

Office: Fax:

Email:

Notes:

Name:

Home: Mobile:

Office: Fax:

Email:

Notes:

A
B
C
D
E
F
G
H
I
J
K
L
M
N
O
P
Q
R
S
T
U
V
W
X
Y
Z

A
B
C
D
E

Name:_____
Home:_____ Mobile:_____
Office:_____ Fax:_____
Email:_____
Notes:...

F
G
H
I
J

Name:_____
Home:_____ Mobile:_____
Office:_____ Fax:_____
Email:_____
Notes:...

K
L
M
N
O
P

Name:_____
Home:_____ Mobile:_____
Office:_____ Fax:_____
Email:_____
Notes:...

Q
R
S
T
U

Name:_____
Home:_____ Mobile:_____
Office:_____ Fax:_____
Email:_____
Notes:...

V
W
X
Y
Z

Name:_____
Home:_____ Mobile:_____
Office:_____ Fax:_____
Email:_____
Notes:...

Name:

Home: Mobile:

Office: Fax:

Email:

Notes:

Name:

Home: Mobile:

Office: Fax:

Email:

Notes:

Name:

Home: Mobile:

Office: Fax:

Email:

Notes:

Name:

Home: Mobile:

Office: Fax:

Email:

Notes:

Name:

Home: Mobile:

Office: Fax:

Email:

Notes:

A
B
C
D
E
F
G
H
I
J
K
L
M
N
O
P
Q
R
S
T
U
V
W
X
Y
Z

A
B

Name:_____

Home:_____ Mobile:_____

Office:_____ Fax:_____

Email:_____

Notes:...

C
D
E
F
G

Name:_____

Home:_____ Mobile:_____

Office:_____ Fax:_____

Email:_____

Notes:...

H
I
J
K
L

Name:_____

Home:_____ Mobile:_____

Office:_____ Fax:_____

Email:_____

Notes:...

M
N
O
P
Q

Name:_____

Home:_____ Mobile:_____

Office:_____ Fax:_____

Email:_____

Notes:...

R
S
T
U
V

Name:_____

Home:_____ Mobile:_____

Office:_____ Fax:_____

Email:_____

Notes:...

W
X
Y
Z

Name:

Home: Mobile:

Office: Fax:

Email:

Notes:

Name:

Home: Mobile:

Office: Fax:

Email:

Notes:

Name:

Home: Mobile:

Office: Fax:

Email:

Notes:

Name:

Home: Mobile:

Office: Fax:

Email:

Notes:

Name:

Home: Mobile:

Office: Fax:

Email:

Notes:

A
B
C
D
E
F
G
H
I
J
K
L
M
N
O
P
Q
R
S
T
U
V
W
X
Y
Z

A
B
C
D
E
F
G
H
I
J
K
L
M
N
O
P
Q
R
S
T
U
V
W
X
Y
Z

Name:

Home: Mobile:

Office: Fax:

Email:

Notes:

Name:

Home: Mobile:

Office: Fax:

Email:

Notes:

Name:

Home: Mobile:

Office: Fax:

Email:

Notes:

Name:

Home: Mobile:

Office: Fax:

Email:

Notes:

Name:

Home: Mobile:

Office: Fax:

Email:

Notes:

Name:

Home: Mobile:

Office: Fax:

Email:

Notes:

Name:

Home: Mobile:

Office: Fax:

Email:

Notes:

Name:

Home: Mobile:

Office: Fax:

Email:

Notes:

Name:

Home: Mobile:

Office: Fax:

Email:

Notes:

Name:

Home: Mobile:

Office: Fax:

Email:

Notes:

A
B
C
D
E
F
G
H
I
J
K
L
M
N
O
P
Q
R
S
T
U
V
W
X
Y
Z

A
B
C
D
E

Name:_____

Home:_____ Mobile:_____

Office:_____ Fax:_____

Email:_____

Notes:..

F
G
H
I
J

Name:_____

Home:_____ Mobile:_____

Office:_____ Fax:_____

Email:_____

Notes:..

K
L
M
N
O

Name:_____

Home:_____ Mobile:_____

Office:_____ Fax:_____

Email:_____

Notes:..

P
Q
R
S
T
U

Name:_____

Home:_____ Mobile:_____

Office:_____ Fax:_____

Email:_____

Notes:..

V
W
X
Y
Z

Name:_____

Home:_____ Mobile:_____

Office:_____ Fax:_____

Email:_____

Notes:..

Name:

Home: Mobile:

Office: Fax:

Email:

Notes:

Name:

Home: Mobile:

Office: Fax:

Email:

Notes:

Name:

Home: Mobile:

Office: Fax:

Email:

Notes:

Name:

Home: Mobile:

Office: Fax:

Email:

Notes:

Name:

Home: Mobile:

Office: Fax:

Email:

Notes:

A
B
C
D
E
F
G
H
I
J
K
L
M
N
O
P
Q
R
S
T
U
V
W
X
Y
Z

A
B
C
D
E

Name:_____

Home:_____ Mobile:_____

Office:_____ Fax:_____

Email:_____

Notes:_____

F
G
H
I
J

Name:_____

Home:_____ Mobile:_____

Office:_____ Fax:_____

Email:_____

Notes:_____

K
L
M
N
O
P

Name:_____

Home:_____ Mobile:_____

Office:_____ Fax:_____

Email:_____

Notes:_____

Q
R
S
T
U

Name:_____

Home:_____ Mobile:_____

Office:_____ Fax:_____

Email:_____

Notes:_____

V
W
X
Y
Z

Name:_____

Home:_____ Mobile:_____

Office:_____ Fax:_____

Email:_____

Notes:_____

Name:

Home: Mobile:

Office: Fax:

Email:

Notes:

Name:

Home: Mobile:

Office: Fax:

Email:

Notes:

Name:

Home: Mobile:

Office: Fax:

Email:

Notes:

Name:

Home: Mobile:

Office: Fax:

Email:

Notes:

Name:

Home: Mobile:

Office: Fax:

Email:

Notes:

A
B
C
D
E
F
G
H
I
J
K
L
M
N
O
P
Q
R
S
T
U
V
W
X
Y
Z

A
B
C
D
E

Name: _____
Home: _____ Mobile: _____
Office: _____ Fax: _____
Email: _____
Notes: _____

F
G
H
I
J

Name: _____
Home: _____ Mobile: _____
Office: _____ Fax: _____
Email: _____
Notes: _____

K
L
M
N
O

Name: _____
Home: _____ Mobile: _____
Office: _____ Fax: _____
Email: _____
Notes: _____

P
Q
R
S
T
U

Name: _____
Home: _____ Mobile: _____
Office: _____ Fax: _____
Email: _____
Notes: _____

V
W
X
Y
Z

Name: _____
Home: _____ Mobile: _____
Office: _____ Fax: _____
Email: _____
Notes: _____

Name:

Home: Mobile:

Office: Fax:

Email:

Notes:

Name:

Home: Mobile:

Office: Fax:

Email:

Notes:

Name:

Home: Mobile:

Office: Fax:

Email:

Notes:

Name:

Home: Mobile:

Office: Fax:

Email:

Notes:

Name:

Home: Mobile:

Office: Fax:

Email:

Notes:

A
B
C
D
E
F
G
H
I
J
K
L
M
N
O
P
Q
R
S
T
U
V
W
X
Y
Z

A
B
C
D
E
F
G
H
I
J
K
L
M
N
O
P
Q
R
S
T
U
V
W
X
Y
Z

Name: _____

Home: _____ Mobile: _____

Office: _____ Fax: _____

Email: _____

Notes: _____

Name: _____

Home: _____ Mobile: _____

Office: _____ Fax: _____

Email: _____

Notes: _____

Name: _____

Home: _____ Mobile: _____

Office: _____ Fax: _____

Email: _____

Notes: _____

Name: _____

Home: _____ Mobile: _____

Office: _____ Fax: _____

Email: _____

Notes: _____

Name: _____

Home: _____ Mobile: _____

Office: _____ Fax: _____

Email: _____

Notes: _____

Name:_____

  Home:_____ Mobile:_____

  Office:_____ Fax:_____

  Email:_____

  Notes:_____

Name:_____

  Home:_____ Mobile:_____

  Office:_____ Fax:_____

  Email:_____

  Notes:_____

Name:_____

  Home:_____ Mobile:_____

  Office:_____ Fax:_____

  Email:_____

  Notes:_____

Name:_____

  Home:_____ Mobile:_____

  Office:_____ Fax:_____

  Email:_____

  Notes:_____

Name:_____

  Home:_____ Mobile:_____

  Office:_____ Fax:_____

  Email:_____

  Notes:_____

A
B
C
D
E
F
G
H
I
J
K
L
M
N
O
P
Q
R
S
T
U
V
W
X
Y
Z

A
B
C
D
E

Name:
Home: Mobile:
Office: Fax:
Email:
Notes:

F
G
H
I
J

Name:
Home: Mobile:
Office: Fax:
Email:
Notes:

K
L
M
N
O
P

Name:
Home: Mobile:
Office: Fax:
Email:
Notes:

Q
R
S
T
U

Name:
Home: Mobile:
Office: Fax:
Email:
Notes:

V
W
X
Y
Z

Name:
Home: Mobile:
Office: Fax:
Email:
Notes:

Name: _____

   Home: _____ Mobile: _____

   Office: _____ Fax: _____

   Email: _____

   Notes: ....

Name: _____

   Home: _____ Mobile: _____

   Office: _____ Fax: _____

   Email: _____

   Notes: ....

Name: _____

   Home: _____ Mobile: _____

   Office: _____ Fax: _____

   Email: _____

   Notes: ....

Name: _____

   Home: _____ Mobile: _____

   Office: _____ Fax: _____

   Email: _____

   Notes: ....

Name: _____

   Home: _____ Mobile: _____

   Office: _____ Fax: _____

   Email: _____

   Notes: ....

A
B
C
D
E
F
G
H
I
J
K
L
M
N
O
P
Q
R
S
T
U
V
W
X
Y
Z

A
B
C
D
E

Name:_____

Home:_____ Mobile:_____

Office:_____ Fax:_____

Email:_____

Notes:...

F
G
H
I
J

Name:_____

Home:_____ Mobile:_____

Office:_____ Fax:_____

Email:_____

Notes:...

K
L
M
N
O

Name:_____

Home:_____ Mobile:_____

Office:_____ Fax:_____

Email:_____

Notes:...

P
Q
R
S
T
U

Name:_____

Home:_____ Mobile:_____

Office:_____ Fax:_____

Email:_____

Notes:...

V
W
X
Y
Z

Name:_____

Home:_____ Mobile:_____

Office:_____ Fax:_____

Email:_____

Notes:...

Name: _____

Home: _____ Mobile: _____

Office: _____ Fax: _____

Email: _____

Notes: _____

Name: _____

Home: _____ Mobile: _____

Office: _____ Fax: _____

Email: _____

Notes: _____

Name: _____

Home: _____ Mobile: _____

Office: _____ Fax: _____

Email: _____

Notes: _____

Name: _____

Home: _____ Mobile: _____

Office: _____ Fax: _____

Email: _____

Notes: _____

Name: _____

Home: _____ Mobile: _____

Office: _____ Fax: _____

Email: _____

Notes: _____

A
B
C
D
E
F
G
H
I
J
K
L
M
N
O
P
Q
R
S
T
U
V
W
X
Y
Z

A
B
C
D
E

Name:_____
Home:_____ Mobile:_____
Office:_____ Fax:_____
Email:_____
Notes:...

F
G
H
I
J

Name:_____
Home:_____ Mobile:_____
Office:_____ Fax:_____
Email:_____
Notes:...

K
L
M
N
O

Name:_____
Home:_____ Mobile:_____
Office:_____ Fax:_____
Email:_____
Notes:...

P
Q
R
S
T
U

Name:_____
Home:_____ Mobile:_____
Office:_____ Fax:_____
Email:_____
Notes:...

V
W
X
Y
Z

Name:_____
Home:_____ Mobile:_____
Office:_____ Fax:_____
Email:_____
Notes:...

Name:_____

    Home:_____ Mobile:_____

    Office:_____ Fax:_____

    Email:_____

    Notes:..

Name:_____

    Home:_____ Mobile:_____

    Office:_____ Fax:_____

    Email:_____

    Notes:..

Name:_____

    Home:_____ Mobile:_____

    Office:_____ Fax:_____

    Email:_____

    Notes:..

Name:_____

    Home:_____ Mobile:_____

    Office:_____ Fax:_____

    Email:_____

    Notes:..

Name:_____

    Home:_____ Mobile:_____

    Office:_____ Fax:_____

    Email:_____

    Notes:..

A B C D E F G H I J K L M N O P Q R S T U V W X **Y** Z

A
B
C
D
E

Name:_____
Home:_____ Mobile:_____
Office:_____ Fax:_____
Email:_____
Notes:_____

F
G
H
I
J

Name:_____
Home:_____ Mobile:_____
Office:_____ Fax:_____
Email:_____
Notes:_____

K
L
M
N
O
P

Name:_____
Home:_____ Mobile:_____
Office:_____ Fax:_____
Email:_____
Notes:_____

Q
R
S
T
U

Name:_____
Home:_____ Mobile:_____
Office:_____ Fax:_____
Email:_____
Notes:_____

V
W
X
Y
Z

Name:_____
Home:_____ Mobile:_____
Office:_____ Fax:_____
Email:_____
Notes:_____

Name:

Home: Mobile:

Office: Fax:

Email:

Notes:

Name:

Home: Mobile:

Office: Fax:

Email:

Notes:

Name:

Home: Mobile:

Office: Fax:

Email:

Notes:

Name:

Home: Mobile:

Office: Fax:

Email:

Notes:

Name:

Home: Mobile:

Office: Fax:

Email:

Notes:

A
B
C
D
E
F
G
H
I
J
K
L
M
N
O
P
Q
R
S
T
U
V
W
X
Y
Z

A
B
C
D
E

Name: _____

Home: _____ Mobile: _____

Office: _____ Fax: _____

Email: _____

Notes: ....

F
G
H
I
J
K

Name: _____

Home: _____ Mobile: _____

Office: _____ Fax: _____

Email: _____

Notes: ....

L
M
N
O
P

Name: _____

Home: _____ Mobile: _____

Office: _____ Fax: _____

Email: _____

Notes: ....

Q
R
S
T
U

Name: _____

Home: _____ Mobile: _____

Office: _____ Fax: _____

Email: _____

Notes: ....

V
W
X
Y
Z

Name: _____

Home: _____ Mobile: _____

Office: _____ Fax: _____

Email: _____

Notes: ....

Name:

Home: _____ Mobile: _____

Office: _____ Fax: _____

Email: _____

Notes: _____

Name:

Home: _____ Mobile: _____

Office: _____ Fax: _____

Email: _____

Notes: _____

Name:

Home: _____ Mobile: _____

Office: _____ Fax: _____

Email: _____

Notes: _____

Name:

Home: _____ Mobile: _____

Office: _____ Fax: _____

Email: _____

Notes: _____

Name:

Home: _____ Mobile: _____

Office: _____ Fax: _____

Email: _____

Notes: _____

A
B
C
D
E
F
G
H
I
J
K
L
M
N
O
P
Q
R
S
T
U
V
W
X
Y
Z

A
B
C
D
E

Name:_____
Home:_____ Mobile:_____
Office:_____ Fax:_____
Email:_____
Notes:...

F
G
H
I
J

Name:_____
Home:_____ Mobile:_____
Office:_____ Fax:_____
Email:_____
Notes:...

K
L
M
N
O

Name:_____
Home:_____ Mobile:_____
Office:_____ Fax:_____
Email:_____
Notes:...

P
Q
R
S
T
U

Name:_____
Home:_____ Mobile:_____
Office:_____ Fax:_____
Email:_____
Notes:...

V
W
X
Y
Z

Name:_____
Home:_____ Mobile:_____
Office:_____ Fax:_____
Email:_____
Notes:...

Made in United States
Cleveland, OH
25 June 2025

17990334R00061